D1274234

LES CANTATES DU DEUIL ÉCLAIRÉ

Mona Latif-Ghattas

LES CANTATES DU DEUIL ÉCLAIRÉ

TROIS

Cet ouvrage est publié dans la collection OPALE.

© Éditions TROIS
2033, avenue Jessop, Laval (Québec), H7S 1X3
Tél.: (450) 663-4028, téléc.: (450) 663-1639,
courriel: ed3ama@contact.net

Diffusion pour le Canada:
  PROLOGUE
  1650, boul. Lionel-Bertrand,
  Boisbriand (Québec) J7E 4H4
  Tél.: (450) 434-0306, téléc.: (450) 434-2627

Diffusion pour la France et l'Europe:
  LIBRAIRIE DU QUÉBEC
  30, rue Gay Lussac, 75005 Paris France
  Tél.: 43 54 49 02, téléc.: 43 54 39 15

 Cet ouvrage a été publié grâce à une
subvention du Conseil des Arts du Canada.

Données de catalogage avant publication (Canada)
Latif-Ghattas, Mona, 1946-
Les cantates du deuil éclairé
(Opale)
Poèmes.

ISBN 2-920887-93-9

I. Titre. II. Collection: Opale (Laval, Québec).

PS8573.A766C36 1998   C841'.54   C98-940575-3
PS9573.A766C36 1998
PQ3919.2.L37C36 1998

Dépôt légal: Bibliothèque nationale du Québec
               Bibliothèque nationale du Canada
               4e trimestre 1998

Photographie en page couverture: Ludovic Fremaux

à l'écrivain égyptien
Mohamed Salmawy

ainsi qu'aux deux poètes du Québec
Anne-Marie Alonzo
et
Jean-Paul Daoust

merci d'avoir veillé sur moi

La femme est terre et la terre est femme, tant d'écrivains l'ont dit et moi aussi.
Quelques humains à l'Aura malfaisante en pesant sur la terre blessent la terre blessent la femme, tant de poèmes l'ont exprimé, les miens aussi.
Mais les femmes blessées deviennent guérisseuses.
Les terres aussi.

Terre Terre
Pourquoi m'as-tu abandonnée

LA CANTATE DE LA MORT COURTE ET VIOLENTE

Il y a souvent quelqu'un tapi dans la boue
pour nous blesser

Des espoirs

Le fleuve déborde et je me noie, quelqu'un sur la rive applaudit, j'entends des rires falsifiés, des voix que je ne reconnais plus, des mots coupés de leurs racines, qui polluent l'air de ma ville beige, une voix pleure dans les lieux saints d'Orient, elle ressemble à la voix de mon père, un luth ancien une musique, ma langue maternelle s'est enfouie dans le limon

**Mais le désert veille
Quand la fraîcheur des neiges s'étend
Sur mon cœur au halo hurlant.**

Ce millénaire ne s'endort pas dans la quiétude du temps, il sombre violemment dans l'injustice légalisée, survivra qui pourra dans les décombres de ses actes, l'Éternité fera les comptes, des comptes nouveaux et surprenants

**Car veille le désert
Et la neige fait le guet
Sur l'affolant passage des jours**

Agression

Un stylo maléfique a déversé des mots difformes en
syllabes de goudron sur le papier journal ils
s'incrustent soudain teignant la page
d'effroi

Le mal gigote et danse en lignes macabres
sur la feuille humectée
de sa sueur acide

L'homme qui le tient est statufié
pris dans la glu de sa propre salive
car ses mensonges l'ont pétrifié
et l'univers n'oubliera pas ni son pays blessé

Qui seul un jour le punira.

Quant à l'aile nébuleuse qui fit à l'infamie caution
Cette aile venue dit-on des libertés de l'Occident
Sait-elle que nulle injustice
ne filtre à l'Œil perçant
du Temps....

Le rejet

L'écho de son rejet fait trembler ma montagne à
l'écorce fragile qui s'effrite soudain
biscuit sucré laissant des résidus de sel
Sur le passé

La pluie s'est abattue comme un torrent
incandescent sur ma peau écorchée qui brûle dès
que l'eau pure réactive le sel
Sur le présent

Et ce soleil ardent au loin
Qu'il retienne un moment ses rayons
Pour l'avenir

Le cauchemar

......D'une galaxie lointaine un soudain fléau fonça
droit sur la terre pulvérisant le globe tous pays
confondus refoulant la race humaine au cœur d'un
même marasme dans une même frayeur alors, enfin,
à jamais, elle se serra tendrement, tendrement ......

....

Mais je me réveillai
La terre était encore très ronde
Et la guerre circulaire sévissait toujours

La rage

Quand passe la lumière et que nul ne s'arrête pour
la laisser entrer dans les ruelles grises, qu'on l'écrase
en courant vers les champs de bagarres de nos jours
la rue les hameaux les Lieux Saints les rames du métro
et même les pauvres tentes abritant des exclus qui
n'ont plus que ce nom, quand la cible devient la
femme un enfant un vieillard un jeune adolescent à
peine éclos au vent, cet ordinaire encore humain qui
n'eut jamais de voix que pour dire pourquoi, celui
que nul ne défendra et dont la mort à jamais restera
invengée

La rage me prend

L'insulte

Le Fleuve dit : Je les honnis
Leur Langue dit : Je les punis
Leur Mère dit : Je ferme ma porte
Et leur Père monte sa colère sur leur front

Ainsi le mythe lava l'insulte

Les illusions

Elles sautillent sur les cordes des mémoires, âmes débiles sans racines dans le plus cruel des mondes accrochées, pendues aux fils imperceptibles de nos croyances, marionnettes de princesses outragées, venues des relents craintifs de nos cauchemars

Ressort pour la survie

La rescapée de Dahchour

Un étrange typhon s'est abattu hier violemment sur la ville, les monuments de mon enfance ont tremblé dans le gris lourd de la houle des boues, s'ils s'écroulent je mourrai, plus l'ombre d'une ombre ne protège ma palmeraie et ses branches penchent comme un chagrin d'amour

Pourtant

De l'infini chaos émerge un beau village
Sable et vallée fondus
Trois petites pyramides depuis l'aube des temps secrètes
Demeurées à l'abri des pillards sous l'œil de Râ
Viennent de sauver un enfant de la mort

Terra vecchia

Sa jeunesse régnait sous l'âge
Et je l'aimais
Pour son Nil sage
Qui baignait patiemment
Cet être déchiqueté

Peut-être moi

Enluminures

Des phrases humectées d'or dans le vieux Livre des Pensées éclaircissent ma vue trouble, mes yeux lissent les mots lisent les sens dissimulés dans le précieux métal ardent d'où jaillit de puissantes couleurs, le soleil vient d'entrer sur la page, il me faudra saisir tous ses rayons avant la nuit

Mais la nuit
Aigle sombre aux griffes malignes
A tranché ma mémoire
Et mes yeux se sont tus.

Les mots enluminés résistent-ils au temps, aux nuits sans lune et aux éclipses, gravés ardemment pour ceux qui les appellent vont-ils renaître avec le jour

Les retrouverai-je

La Liberté

Si je pouvais choisir de ne porter ni souvenir ni
désarroi d'amour d'espoir ni solitude

Si elle renonçait à léguer et la sagesse et le désir
douleur bonheur ou certitude

Comme nous serions légères

Hélas
Ne pouvant ni choisir encore moins renoncer

**Nous sommes ma terre et moi
Deux femmes sans liberté**

Dur à dire

Le plus dur est de dire
                L'absence de la route
                                Que je ne ferai plus

LA CANTATE DU DEUIL ÉCLAIRÉ

*Il y a souvent quelqu'un tapi dans les roses
pour nous consoler*

Les trois bateaux

Je prenais trois bateaux pour rejoindre son port
Trois bateaux longs et bleus chargés de monde
multicolore
Je passais de l'un à l'autre mon transfer au bout
des doigts
Pour la rejoindre j'avais le pied marin
À l'heure de mes voyages les rues de Montréal étaient
des mers
Calmes ou agitées
Je naviguais allègre et triste vers ma prison de forge
et d'or
Vers Elle.

De forge et d'or

Ses larges branches donnaient de l'ombre
À mes chaleurs incontrôlées
Et quand mes yeux suaient
De son regard limpide elle ramassait ces eaux
coulantes
Tout s'apaisait
Et mon sang battait alors au tempo de sa paix

Mon sang battait alors

Avec elle ça voulait dire se croire aimée
Surtout ne pas faillir
À condition de réciter la cantate de soi
Sans chœur et sans pudeur.
Dans l'escale temporaire de ma musique en elle
J'installais la permanence d'une rythmique
Pour ma vie
Non sans efforts je noircissais la partition

J'ai peu peiné dans son ombrage
Pourtant

Dans son ombrage

Car elle habite mes yeux
Comme elle penche sur ces lacs que le vent fait frémir
Quand il passe

Sa sérénité s'étale
Talles de roses étendues sur le bord
Des cils

Paysage inédit
Inventé dans un rêve éveillé
Un jour de grave solitude

Grave solitude

Des étagères de paille où dorment des oiseaux
Grandis dans l'absence à l'insu de l'enfant

De petites souris blanches que nourrissait mon Père
Se transforment en rats qui mordent sans crier gare

                    Le corridor de notre enfance
                        Est le lieu de l'impasse
                        Et le lieu du cocon

                        Y circulent des rats
                            En toute liberté

                    Y meurent des oiseaux
                        En toute dignité

En toute dignité

Elle m'a remis d'aplomb par un regard
Parfois une mimique subtile
Un grain d'écoute un geste un mot
Plus subtil qu'un violent poème

Et ce courage de la quitter
Je le lui dois

Plus subtil qu'un violent poème

On ne s'attache pas disaient les Religieuses
À l'enfant pleine de peine qui perdait sa compagne

Notre terre c'est Dieu notre patrie son Cœur
Nos routes sont ses artères notre marche son Sang

On ne s'attache pas disaient les religieuses
À l'enfant ahurie d'apprendre à être libre

Si tôt

Si tôt

Elle m'a laissé sortir sauf-conduit à la main
Vers l'air si pollué de la réalité
Ma tristesse valait un léger bonheur
Qui voilait une légère tristesse

Ainsi vont les séparations

Ainsi vont les séparations

Je l'ai quittée sans plaisir et sans solitude
Par la fente d'un nuage
Comme si j'avais glissé entre les barreaux de la nuit
J'ai dit poliment au revoir
Mais ce revoir n'aura pas lieu
Sauf dans un temps autre peut-être
Dans la cantate d'un deuil éclairé
Deuil adulte
Deuil vieillard revenant du désert
Où il vient de mettre en terre
Son âme d'enfant

La cantate du deuil éclairé

Elle me portait
C'était acquis
C'était normal que je pèse sur elle
C'était légal que je dure
Au cœur de sa maison
C'était entendu sans entente

Je pèse sur le vide
Qui ne veut pas de moi
Qui me repousse vers le puits de ma force
Pour que j'apprenne à me porter
Sac à dos sur mon dos
Ombre beige sur mon ombre beige
Aura sur mon Aura

Aura sur mon Aura

Je l'avais prise pour acquis
Comme ces tombeaux des rois qui durent
Sous les levers violents des sables rouges du désert
Je n'entrais en d'autre qu'elle
Quand je cherchais un gîte à ma douleur

J'avais acquis sa prise en moi
Nulle autre qu'elle ne savait habiter
Le vide de mes rêves
Nulle autre qu'elle ne savait exhumer
La peine de mon exil

Je l'avais emballée dans une toge de soie
Un linceul de lumière
Et les ténèbres s'inclinaient
Je l'avais enduite de ces élixirs magiques
Qui crèvent l'absence
Et la solitude s'estompait
Je l'avais immaculée de toute œuvre de chair
Embaumée savamment d'un baume incandescent
Énumérée dans les lignes fluides de ma main
Logée dans l'astre de mon Signe
Et je la regardais de loin
Brillante comme un astéroïde permanent
Dans le Zodiaque de ma vie

43

Je l'avais.
Et de l'avoir faisait mon Jour.
Semait mon champ
Réglait l'harmonique de mon chant

Et de l'avoir ouvrait mon ciel

Ouvrir mon ciel

Puisqu'elle a su en moi réveiller tant de morts
Transformer les cadavres en arbres fertiles
Dénouer les racines enchevêtrées dans mon cerveau
Élaguer les touffes de ma fureur
Désinfecter les coupures du destin
Me faire pleurer tout l'amer de mon corps
Me faire chanter les cantates les plus rauques
Me faire aimer ma folie douce
Me concilier avec ma peine
Et recycler ma rage en lumineux apprentissages
Des mondes

Je l'appelle résurrection

Résurrection

Des pages
Défilent
Dans le cahier qui vient de s'allumer

Des pages écrites à l'encre blanche
Invisibles
Ton sur ton

Des pages de mousseline
Comme voiles de noces
Secrètes

Pages qui s'émerveillaient jadis
Quand les yeux de l'enfant étaient tressés de songes

Dans le cahier qui vient de s'allumer

Je dépose les murs
D'où suintent mes secrets
Meubles mobiles que je ne pus abandonner
Sur le seuil des départs

Outre océans j'ai chargé cette charge
Dans les malles du Temps qui n'a que faire du temps

Car ces murs ont des lèvres bavardes
Lourdes de maux

Le Temps n'a que faire du temps

Dans les malles du Temps

Mes maux m'habitent
Transfuges
Dans l'espace interne du réel

L'abandon est une inguérissable plaie
Qui s'estompe dans la lumière

Je me familiarise avec mes maux
Les somme de s'assagir
De vivre en paix dans l'antre de mon cœur

Je les console avec des mots

Dans l'antre de mon cœur

Il est des douleurs
Si légères
Qu'elles n'ont ni prix ni prise sur la mort
Des douleurs douces qui consolent de l'absence
Douleurs dolentes
Que nul n'inflige

Elle n'infligea aucune douleur
Mais son absence

Mais son absence

Je lui avais offert ma mémoire rupturée
L'oubli agité de mes actes quotidiens
L'errance au coin des rues menant à mes demeures
Le non-sens du passé inondant le présent
D'une houle ocre et opaque qui brouillait l'avenir

Je lui avais offert le lamentable de ma mémoire
Vieillie soudain sous l'offensive des rejets

Je lui avais offert ce plus-rien de moi-même
Ce fin-du-monde de ma foi en l'humain
Un pourquoi défaillant expirant en hélas!

Je lui avais offert l'effacement des souvenirs

Elle en a su que faire
Et je guéris de son savoir.

Derniers moments

Les moments se bousculent
Poussent mon âme aride qui refuse d'expirer
Sur les décombres d'un rêve assumé

Cette cantate
Qui enceint de ses voix le décor écorché
Vient de ce bleu qui fuse
De l'escale d'une terre claire
Dans ma vie

Aucun tombeau muet ne résiste au chant d'amour
La pierre se descelle
Sous l'archet d'une voix
Aux cordes somptueuses

La vie transperce la mort

à Joël Richard
28 septembre 1998

LA CANTATE DE LA SOUVENANCE
ET DE LA LUMIERE

Elle a si bien su me faire croire qu'elle m'aimait
Que je guéris du mal d'amour

Récitatif

Cela s'est passé dans la plus grande beauté
Je l'ai quittée sans amertume
Sans nostalgie exacerbée
Et sans déchirement
Cela allait de soi
Partir allait de soi
Elle avait été si belle

Chœur

Pas de larmes aujourd'hui
Je ne l'émeuvrai pas
Ne l'attristerai pas
L'ai déjà épuisée
Du doux fracas
De mon départ

Basse continue

J'ai tant aimé son attente de moi
J'ai aimé qu'elle m'attende
Qu'elle m'ouvre sa porte
Qu'elle m'installe en son lieu d'amour et de
bouleversements
J'ai aimé son visage absent dans sa présence
Son entendue patience
Tout le certain de l'incertain qui tournait dans
la chambre
J'ai aimé croire qu'elle m'aimait
Croire que je l'intéressais par mes songes hagards
Croire qu'en ce lieu l'amour régnait sans condition

J'ai aimé penser que je lui apprenais la vie
Que je lui apprenais ma vie
Celle de mes illusions désespérées et de mes rages
Des allegros fiévreux
Et celle de mes adages lents comme un cours de Nil
D'où l'on ne revient pas

Comme la lumière de ce printemps qui veille sur
ma peine
J'ai aimé sa lumière

21 avril 97

Récitatif

Elle ne partira pas je la garde

Je garde son silence
Ses yeux limpides et son Aura
Son sourire lumineux sur ma peine d'enfant

Je garde sa veillance
Sa douceur infinie
Les bribes de ses mots sur mon instinct bavard
Une fraîcheur de Sage
Un baume sur mes Sagas

Je ne partirai pas elle me garde

Elle garde ma tendresse bâtie sur des années
Mes nouvelles épopées mes relents de tristesse
Mes luttes d'avenir mes créations prochaines
Et cette musique aigre-douce qui sillonne mon destin
Que d'aucuns nommèrent Amour

16 avril 1997

Basse continue

Elle est là
Rai de lumière trait tiré d'horizon
Ligne rousse diffusant un éclair de jade clair

Et je m'éloigne doucement
Les yeux rivés vers sa splendeur
En m'activant effrénément
À faire échec au vide
Qu'emplit le vent de mon corps qui s'agite
À replanter ma vie sur le sol de ma maison
D'hiver

Chœur

Elle reste la lumière
Sur les cendres de mes volcans actifs
Elle perce le soufre noir qui recouvre mes ciels
À travers le consumé de mes feux elle flotte
Éclairant les résidus de laves qui jonchent mon jardin

Dans le cratère béant
Au cœur noir de silence
Il reste sa lumière

21 avril 97

Basse continue

Une bulle diaphane
L'abrite
Transparente je la vois
Rousse et souriante
Icône claire
Dans le médaillon de son absence.
Elle sourit
Comme jadis
Pas une ride sur sa veillance
Image pâlie par l'espace
Devenue pastel à mon regard fragile
Je ne plisserai plus les yeux pour discerner ses traits
En ce nouveau matin d'absence
Elle est enfin
À la mesure de mon regard

Récitatif

Comme un éclair océanique
Dans la chair d'un nuage
Elle m'apparaîtra
À chaque tonnerre
Électrisant mes yeux fragiles

Puis elle libérera de torrentielles pluies
Qui me laveront de mon angoisse

Le ciel s'éclaircissant
Je croirai l'avoir rêvée

Chœur

Où est-elle ce matin
Quand elle ne m'attend plus
Dans quel état du cœur
Se déroule son jour
Qui note le pli de ses sourires
Qui prend les ondes de sa voix
Sous quelle étoile perle sa vie
Et dans quelle galaxie
Désormais
Elle ne m'attendra plus!

CHŒUR

L'ai-je assez dit ici
Dans ce livre qui d'elle respire
Comme un poumon clair de tout résidu d'angoisse
L'ai-je assez dit comme je la garde
Ma rousse terre incandescente
Diffuseuse de lumière
Comme je la porte comme la porte mon livre
Dans les bras de son cœur

RÉCITATIF

Tranquillement
Nous sommes parties ce soir
Ma terre natale et moi
Deux grandes filles superbes
Sans heurts et sans adieu.

Les voitures passent comme d'habitude
Sur les boulevards

L'une s'en est retournée vers l'Est du Monde
L'autre à l'Ouest du Temps

Aussi comme jadis et demain
Témoins blessés nous durerons
Occultes
Du Levant et du Couchant de l'éternel amour

Alors que les voitures passent
Comme d'habitude
Sur les boulevards

FINALE

Sauf qu'elle me manquera
Même si j'achève son départ

REPRISE I

Roux des monts ensablés
Au cœur désertique de la terre
Que traversa une étrange histoire
D'amour

Une histoire jamais tracée
De mémoire d'homme
Histoire sans histoire venue
Se poser là
Légère comme un tout petit vent
Rapide
Et si plein de regrets

REPRISE II

Et la musique battra encore
Dans ce café comme dans la vie
Sur ma peine sage
Tapie dans le cahier vivant
D'où glisse une encre de sang bleu
Comme un flot doux et sans regret

REPRISE III

J'ai laissé mes livres sur son trottoir

Elle les conservera sur l'étagère du souvenir
À l'étage de la mémoire
Elle les regardera de temps en temps sans sourciller
Comme ces meubles légués par nos enfants partis
Qui restent pris chez nous comme des témoins
gênants
De leur passage dans nos vies.
Elle les époussettera à chaque printemps
distraitement
Un jour elle ne les verra plus.

Sauf qu'un matin peut-être gris
Au hasard d'un instant fortuit elle en saisira un
Caressant la couverture elle étendra
Un si pâle sourire
Au hasard d'une page
Elle l'ouvrira
Et quelques lignes danseront
À l'air de son beau soupir
Alors elle s'assoira
Sur le bord du trottoir

Le lira jusqu'au bout puis le refermera
Satisfaite
Le soir sera tombé
Sans crier gare et sans sirène
Elle le reposera sur l'étagère
De la mémoire
À l'étage
Du souvenir
Et
La tendresse au bout des doigts
Sur le trottoir
Elle dormira

Table des matières

LA CANTATE DE LA MORT COURTE ET VIOLENTE

LA CANTATE DU DEUIL ÉCLAIRÉ

LA CANTATE DE LA SOUVENANCE ET DE LA LUMIÈRE

Autres ouvrages de Mona Latif-Ghattas

Nicolas le Fils du Nil, roman, Le Caire, Elias Publishing House, 1985. 158 pages. (épuisé)

Les Chants du Karawane, traversées poétiques, Le Caire, Elias Publishing House, 1985. 90 pages. (épuisé)

Quarante Voiles pour un exil, récits et fragments poétiques, Laval, Éditions Trois, 1986. 105 pages.

Les Voix du jour et de la nuit, roman, Montréal, Éditions du Boréal, 1988. 119 pages.

Le double conte de l'exil, roman, Montréal, Éditions du Boréal, 1990. 171 pages.

Ma chambre belge, poème, Belgique, Éditions L'Arbre à Paroles,1991. 13 pages. (épuisé)

La triste beauté du Monde, poèmes, Montréal, Éditions du Noroit, 1993. 100 pages.

Poèmes Faxés, poèmes, en coll. avec Jean-Paul Daoust et Louise Desjardins, Trois-Rivières, Écrits des Forges, 1994. 87 pages.

Les lunes de miel, récits, Montréal, Leméac, 1996. 271 pages.

Spectacles (mise en scène)

Veille d'Anne-Marie Alonzo
City Life de Jean-Paul Daoust
Les Chants du Karawane de Mona Latif-Ghattas
Le Livre de Notes de Mona Latif-Ghattas

Discographie

CHEMIN DE CROIX : Disque Compact
Œuvre de musique contemporaine sacrée pour orgue,
voix soprano et récitante
Compositeur : **Raynald Arsenault**
Auteur et récitante : **Mona Latif-Ghattas**
Orgue : **Gisèle Guibord**
Voix : **Natalie Choquette**
Producteur : **Société Radio-Canada**
60 minutes

Catalogue des Éditions TROIS

Alonzo, Anne-Marie
> *La vitesse du regard — Autour de quatre tableaux de Louise Robert*, essai — fiction, 1990.
> *Galia qu'elle nommait amour*, conte, 1992.
> *Geste*, fiction, postface de Denise Desautels, 1997, réédition.

Alonzo, Anne-Marie et Denise Desautels
> *Lettres à Cassandre*, postface de Louise Dupré, 1994.

Alonzo, Anne-Marie et Alain Laframboise
> *French Conversation*, poésie, collages, 1986.

Alonzo, Anne-Marie, Denise Desautels et Raymonde April
> *Nous en reparlerons sans doute*, poésie, photographies, 1986.

Anne Claire
> *Le pied de Sappho*, conte érotique, 1996.
> *Tchador*, roman, postface de Marie-Claire Blais, 1998.

Antoun, Bernard
> *Fragments arbitraires*, poésie, 1989.

Auger, Louise
> *Ev Anckert*, roman, 1994.

Bernard, Denis et André Gunthert
> *L'instant rêvé. Albert Londe*, préface de Louis Marin, essai, 1993.

Boisvert, Marthe
> *Jérémie La Lune*, roman, 1995.

Bonin, Linda
> *Mezza-Voce*, poésie, 1996.

Bosco, Monique
    Babel-Opéra, poème, 1989.
    Miserere, poèmes, 1991.
    Éphémérides, poèmes, 1993.
    Lamento, poèmes, 1997.

Bouchard, Lise
    Le Tarot, cartes de la route initiatique — Une géographie du «Connais-toi toi-même», essai, 1994.

Brochu, André
    Les matins nus, le vent, poésie, 1989.
    L'inconcevable, poésie, 1998.

Brossard, Nicole
    La nuit verte du parc Labyrinthe, fiction, 1992.
    La nuit verte du parc Labyrinthe (français, anglais, espagnol), fiction, 1992.

Campeau, Sylvain
    Chambres obscures. Photographie et installation, essais, 1995.
    La pesanteur des âmes, poésie, 1995.

Causse, Michèle
    (—) [parenthèses], fiction, 1987.
    À quelle heure est la levée dans le désert?, théâtre, 1989.
    L'interloquée…, essais, 1991.
    Voyages de la Grande Naine en Androssie, fable, 1993.

Choinière, Maryse
    Dans le château de Barbe-Bleue, nouvelles, 1993.
    Histoires de regards à lire les yeux fermés, nouvelles et photographies, 1996.

Cixous, Hélène
    La bataille d'Arcachon, conte, 1986.

Collectifs
  La passion du jeu, livre-théâtre, ill., 1989.
  Perdre de vue, essais sur la photographie, ill., 1990.
  Linked Alive (anglais), poésie, 1990.
  Liens (trad. de Linked Alive), poésie, 1990.
  Tombeau de René Payant, essais en histoire de l'art, ill., 1991.

Coppens, Patrick
  Lazare, poésie, avec des gravures de Roland Giguère, 1992.

Côté, Jean-René
  Redécouvrir l'Humain — Une manière nouvelle de se regarder, essai, 1994.

Daoust, Jean-Paul
  Du dandysme, poésie, 1991.

Deland, Monique
  Géants dans l'île, poésie, 1994.

DesRochers, Clémence
  J'haï écrire, monologues et dessins, 1986.

Doyon, Carol
  Les histoires générales de l'art. Quelle histoire!, préface de Nicole Dubreuil-Blondin, essai, 1991.

Dugas, Germaine
  germaine dugas chante..., chansons, ill., 1991.

Duval, Jean
  Les sentiments premiers, poésie, 1998.

Fortaich, Alain
  La Rue Rose, récits, 1997.

Fournier, Louise
  Les départs souverains, poésie, 1996.

Fournier, Roger
  La danse éternelle, roman, 1991.

Gagnon, Madeleine
  L'instance orpheline, poésie, 1991.

Gaucher-Rosenberger, Georgette
  Océan, reprends-moi, poésie, 1987.

Hyvrard, Jeanne
  Ton nom de végétal, essai-fiction, 1998.

Lacasse, Lise
  La corde au ventre, roman, 1990.
  Instants de vérité, nouvelles, 1991.
  Avant d'oublier, roman, 1992.

Lachaine, France
  La Vierge au serin ou l'intention de plénitude, roman, 1995.

Laframboise, Alain
  Le magasin monumental, essai sur Serge Murphy, bilingue, ill., 1992.

Laframboise, Philippe
  Billets et pensées du soir, poésie, 1992.

Latif-Ghattas, Mona
  Quarante voiles pour un exil, poésie, 1986.
  Les cantates du deuil éclairé, poésie, 1998.

Lorde, Audre
  Journal du Cancer suivi de *Un souffle de lumière*, récits, en coédition avec les Éditions Mamamélis, Genève, 1998.
  Zami: une nouvelle façon d'écrire mon nom, biomythographie, en coédition avec les Éditions Mamamélis, Genève, 1998.

Martin, André
   Chroniques de L'Express — natures mortes, récits photographiques, 1997.

Meigs, Mary
   Femmes dans un paysage, Réflexions sur le tournage de The Company of Strangers, traduit de l'anglais par Marie José Thériault, 1995.

Merlin, Hélène
   L'ordalie, roman, 1992.

Michelut, Dôre
   Ouroboros (anglais), fiction, 1990.
   A Furlan harvest: an anthology (anglais, italien), poésie, 1994.
   Loyale à la chasse, poésie, 1994.

Miron, Isabelle
   Passée sous silence, poésie, 1996.

Mongeau, France
   La danse de Julia, poésie, 1996.

Morisset, Micheline
   Les mots pour séduire ou «Si vous dites quoi que ce soit maintenant, je le croirai», essais et nouvelles, 1997.

Payant, René
   Vedute, essais sur l'art, préface de Louis Marin, 1987, réimp. 1992.

Pellerin, Maryse
   Les petites surfaces dures, roman, 1995.

Prévost, Francine
   L'éternité rouge, fiction, 1993.

Richard, Christine
   L'eau des oiseaux, poésie, 1997.

Robert, Dominique
Jeux et portraits, poésie, 1989.

Rule, Jane
Déserts du cœur, roman, 1993, réédition 1998.
L'aide-mémoire, roman, 1998.

Sénéchal, Xavière
Vertiges, roman, 1994.

Stephens, Nathalie
Colette m'entends-tu?, poésie, 1997.

Sylvestre, Anne
anne sylvestre... une sorcière comme les autres, chansons, ill., 1993.

Tétreau, François
Attentats à la pudeur, roman, 1993.

Théoret, France et Francine Simonin
La fiction de l'ange, poésie, gravures, 1992.

Tremblay, Larry
La place des yeux, poésie, 1989.

Tremblay, Sylvie
sylvie tremblay... un fil de lumière, chansons, ill., 1992.

Tremblay-Matte, Cécile
La chanson écrite au féminin — de Madeleine de Verchères à Mitsou, essai, ill., 1990.

Varin, Claire
Clarice Lispector — Rencontres brésiliennes, entretiens, 1987.
Langues de feu, essai sur Clarice Lispector, 1990.
Profession: Indien, récit, 1996.
Clair-obscur à Rio, roman, 1998.